身边的科学真好玩

不可或缺的钱

You Wouldn't Want to Live Without Money!

第3辑

[英] 亚历克斯·伍尔夫　文
[英] 大卫·安契姆　图
高春梅　译

ARTIME
时代出版

时代出版传媒股份有限公司
安徽科学技术出版社

[皖] 版贸登记号：12151556

图书在版编目(ＣＩＰ)数据

不可或缺的钱/(英)伍尔夫文;(英)安契姆图;高春梅
译.—合肥:安徽科学技术出版社,2016.10(2018.5 重印)
(身边的科学真好玩)
ISBN 978-7-5337-6971-0

Ⅰ.①不…　Ⅱ.①伍…②安…③高…　Ⅲ.①货币-
儿童读物　Ⅳ.①F82-49

中国版本图书馆 CIP 数据核字(2016)第 090062 号

You Wouldn't Want to Live Without Money! ©The Salariya
Book Company Limited 2016
The simplified Chinese translation rights arranged through
Rightol Media (本书中文简体版权经由锐拓传媒取得
Email:copyright@rightol.com)

不可或缺的钱　　　[英]亚历克斯·伍尔夫 文　[英]大卫·安契姆 图　高春梅 译

出 版 人:丁凌云　　　选题策划:张　雯　　　责任编辑:张　雯
责任校对:戚革惠　　　责任印制:李伦洲　　　封面设计:武　迪
出版发行:时代出版传媒股份有限公司　http://www.press-mart.com
　　　　　安徽科学技术出版社　　　　http://www.ahstp.net
　　　　　(合肥市政务文化新区翡翠路 1118 号出版传媒广场,邮编:230071)
　　　　　电话:(0551)63533330
印　　制:北京博海升彩色印刷有限公司　　电话:(010)60594506
(如发现印装质量问题,影响阅读,请与印刷厂商联系调换)

开本:787×1092　1/16　　　印张:2.5　　　　字数:40 千
版次:2018 年 5 月第 3 次印刷

ISBN 978-7-5337-6971-0　　　　　　　　定价:15.00 元

钱的大事年表

公元前2250年

卡帕多西亚（现在的土耳其）是第一个确保银锭质量的国家。这增加了银锭当钱用的认可度。

公元前9000年

家畜（尤其是牛）用于交换物品。

806年

中国发明纸币。

公元前3000年

巴比伦出现银行。黄金存放于寺庙，牧师们发放贷款。

1232年

意大利佛罗伦萨铸造的金币"弗罗林"成为被欧洲广泛接受的货币。

公元前600年

品底亚王国（小亚细亚中西部的一个古国）的阿里阿提国王是第一位铸造标准重量硬币的国王。

1950年

大莱俱乐部发行第一款信用卡。

1999年

银行使用第一代智能手机为客户提供移动银行服务。

1661年

欧洲的第一款纸币在瑞典发行。

1981年

纽约银行利用可视图文系统提供家庭银行服务,标志着网上银行的开始。

1860年

西联(西联汇款公司的简称,它是世界上领先的特快汇款公司)第一次实现电子资金转账,标志着电子货币的诞生。

纸币上的防伪标记

请注意:这款纸币,纯属虚构。复制真正的纸币是违法行为。

纸币的手感:

纸币用特殊的纸张印刷,手感和普通纸张不同。

金属线:

金属线看上去像银色虚线。若把纸币对着光看,就能看到它是一条连续的线。

凸版印刷:

用你的手指去感受一下浮雕印刷的区域。

全息图:

许多纸币正面的箔片上都有全息图。若将纸币倾斜,上面的图案会变化。

微缩文字:

许多纸币用微缩字母和数字显示纸币的面值,这要用放大镜才能看到。

水印:

将纸币对着灯看,能在空白区域看到图像。

作者简介

作者：

亚历克斯·伍尔夫，曾在英国埃塞克斯大学攻读历史。迄今为止，他创作了80多部儿童读物。另外，他还创作儿童小说和青少年小说。

插图画家：

大卫·安契姆，1958年出生于英格兰南部城市布莱顿。他曾就读于伊斯特本艺术学院，在广告界从业15年，后成为全职艺术工作者。他为大量非小说类童书绘制过插图。

目　录

导　读

你能否想象没有钱的生活是什么样子？我们该如何买食物、衣服和其他物品？钱，超级有用。很难想象没有钱的世界是个什么样子。然而，钱并不是一直存在的。它是人类发明出来的，且有过许多不同的形式。奶牛、青铜铲、青铜刀都曾被用作钱币。这下你可以想象，硬币和纸币的发明给我们的生活带来了多少便利！但是，这些不同形式的钱都在消失。目前，钱已经开始无形化，点一下鼠标或者扫描银行卡就能将钱从一处转移到另一处。让我们来追溯钱的历史，并了解不同形式的钱给世界带来的改变吧。

奶牛

中国的铲币

电子货币

信用卡和借记卡

纸币和硬币

1

你能忍受物物交换吗？

设想你生活在没有钱的世界，你该如何买需要的物品呢？若你以种水果为生，现在你需要一根矛，那么，你需要找到做矛的工匠，然后拿出东西跟他交换矛。这种做法叫作"物物交换"。不过这有缺点：你得找到有你需要的物品的人，同时这人也正好需要你提供的物品。就交换的物品的价值，你们难以达成一致，因此每次物物交换都很耗时。例如，没人知道一筐苹果是不是就值一根矛。

散财宴，是北美洲奇努克人的一种习俗。他们交换精美的礼物及宴请大家，以博得声望。这是另外一种不用钱币交换物品的方式。

探险家。物物交换不涉及金钱交易。15—18世纪，欧洲的探险家每到一处，都与当地人交换物品。

> 我的鹿皮比你的滑膛枪子弹值钱。

20世纪30年代的**大萧条时期**，人们通过物物交换来获得食物或衣物。有人甚至用面包和香肠来交换剧院的门票。

> 请给我一根香肠。要是需要好位子，得两根香肠。

今天的物物交换。网上的"跳蚤市场"遍布全球，因此想找到和你交换物品的人，机会多了很多。

> 爆米花机？

> 充气企鹅？

交换物品时请记住：
- 你能提供什么？这可以是你不需要的物品或你能提供的技能。
- 浏览可靠的物物交换网站，不过首先要征得父母的许可哦。
- 在网上可通过浏览相似物品来了解你的物品的价值。

快！我要用这个跟你换矛！

我才不要苹果呢！

3

你想要钱吗?

这牛太小了。

公元前9000年,你是住在中东地区的牧牛人。你想从村里其他人手中购买谷物、石头工具和陶器。首先,你得算出这些东西值多少钱。商量很久之后,你们就谷物、石头工具以及陶器的价格达成一致。你得算出一头牛可以买多少件这样的物品,于是,牛成了村里的"价值单位"。这就是最早的钱。

实物货币。早期的钱因为自身的价值而成为货币。 例如,一头牛因为可以产奶以及提供牛肉而具有价值。这就是"实物货币"。

我要是有更多的手指就好了。

武器。在古代,武器常常被当作钱来使用。在北美,斧头用于交换;在古代中国,大铜刀用作钱。这些钱带起来一定很危险吧。

货贝。在中国、印度和非洲,货贝曾用作钱。它的好处是很难仿造,而且和牛不同的是,贝壳不会死。

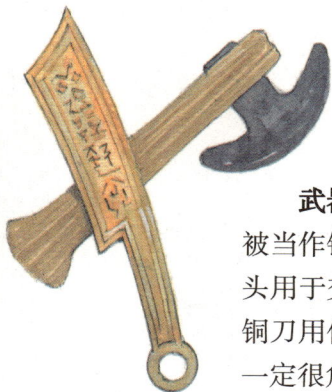

戒指币。古代埃及人喜欢把财富戴在手指上。他们用青铜戒指、银戒指或金戒指付钱。

不过要是你好好照料它，你的"钱"就会增值哦。

一些美洲原住民使用贝壳念珠当货币。他们用不同颜色的贝壳做贝壳念珠腰带。尝试自己设计一条贝壳念珠腰带吧。

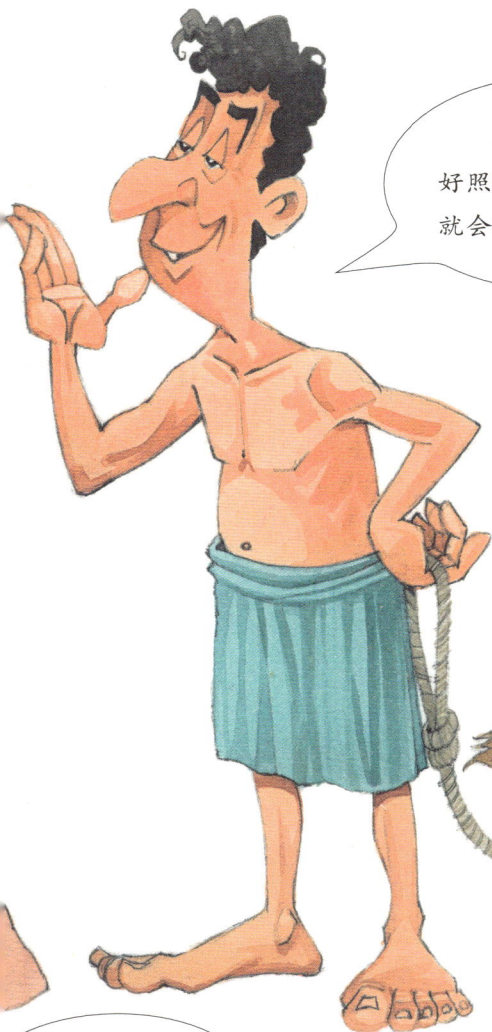

这种钱已经过时啦。

食物货币。盐曾经很值钱，因此罗马士兵曾用盐来付钱。其他可以吃的货币有茶叶、大米、鸡蛋、奶酪和可可豆。

雅浦岛石币。太平洋上的雅浦岛石币是世界上最大的钱币，宽3.6米，重几吨，很难移动。

5

你能依靠硬币吗？

公元前600年，你是店主，住在吕底亚王国的首都萨迪斯（现位于土耳其的西部）。你的国王阿里阿提做了件历史上从未有过的事——铸造了重量标准的官方硬币。这种硬币由金银合金铸造而成，且印有咆哮的狮子图案。这是历史上首次出现标准货币，这种货币在整个国家都得到认可。唯一的问题是：有些人从硬币上刮下贵重的金银合金后，用贬值的硬币来付钱。于是，你需要在店里放上一组磅秤，收钱的时候用它来称硬币的重量，以确保顾客没有欺骗你。

早在公元前770年，**中国人**就开始使用硬币，当时的硬币是以刀币或铲币的形式出现的。中国第一个圆形中空的硬币出现在公元前350年。

吕底亚的钱币让他们成为古代世界最富有的国家之一。"像克罗伊斯一样富有"中的"克罗伊斯"指的就是吕底亚国王。他是阿里阿提的儿子，铸造了第一批金币。

你的硬币太轻了。

你的东西太贵了。

你也能行！

有时，硬币中的金银里也掺入了质地更坚硬但价廉的金属。你可以用试金石摩擦硬币来检验硬币的纯度。试金石是一块表面有纹理的石头，用在质地软的金属上会留下可见的印记。

吕底亚王国铸造的**第一块硬币**上印有咆哮的狮子，其他硬币上有猫头鹰和蛇的图案。图案标志着硬币的重量和价值。

削剪。罪犯有时会将硬币的边缘剪下来，然后重新熔化这些贵重金属的碎片，用来做假币。

贬值。罪犯可能将硬币对半锯开，将硬币的中间掏空，然后填入不值钱的金属，最后将两个半块硬币重新焊接在一起。

准备好用纸币了吗？

公元806年，你是中国丝绸商人。你刚刚收到一批运送进宫的丝绸的货款，但不是铜币，他们付给你的是纸币。官方解释是长距离运送纸币比铜币要方便得多。当你到皇宫时，可以将这些纸币换成硬币。很快你就习惯了用纸币。你把它们称作"会飞的钱"，因为它们真的能被吹走。很快，你也开始付给其他商人"会飞的钱"，就像是使用真的钱币一样。

10世纪后期，**官方纸币**开始在中国流通。到1023年，纸币就和硬币一样被大家接受了。

在中国，钱是从树上长出来的。

马可·波罗来自意大利的威尼斯。他13世纪来到中国，将中国人如何用树皮制成纸张然后印制纸币的故事带回意大利。

麻省货币。17世纪90年代，北美洲的马萨诸塞湾殖民地是第一个发行纸币的西方政府。

扑克牌货币。1685年，加拿大的法属殖民地暂时缺乏硬币，统治者就用扑克牌支付给士兵。

自己设计一款纸币。给银行和纸币起个名字,包括银行的名称、用数字和文字写出纸币的金额,并做些防伪设计。这钱,你可千万不能用哦!

会飞的纸币真的飞起来啦!

银行能让你富有吗？

我为银行打造黄金。

公元前325年，你是住在罗马的银行家。你在公共论坛或市场上设立了自己的摊位，帮外国商人兑换罗马硬币，借钱给需要的人并收取一定的利息。同时，你支付利息给存钱在你这儿的人。你的一个同行陷入困境，因为他把钱借给无法偿还的人，现在没钱给存款者支付利息。于是，他破产了。

1640年，**金匠**成为英国的第一批银行家。当时，查理一世开始扣押皇家造币厂的黄金，于是金匠提供安全保存黄金的服务。

我若骗你，他会要我的命！

中世纪后期，美第奇家族是意大利佛罗伦萨的富有的银行家族。他们势力强大，其中有4名家族成员成为教皇。

我是来寻求保佑的……也要贷款。

寺庙银行。因为寺庙不太会被抢，所以最早的银行设在寺庙里。古巴比伦的牧师（见上图）甚至向外放贷。

哈哈，拿破仑在滑铁卢战败了！

罗斯柴尔德家族。罗斯柴尔德银行"王朝"开始于拿破仑战争时期*。他们资助拿破仑的敌人，并利用信鸽来互通信息。

重要提示！

　　若要成为成功的银行家，请注意从你这儿借钱的人。14世纪40年代，英格兰国王爱德华三世为了资助对法战争而欠下巨额外债。最后，他的借款导致了两家佛罗伦萨的银行破产。

你要贷款吗？我只收取一点利息。

要是利息足够低的话。

银行家

*译注：指拿破仑称帝统治法国期间(1803—1815年)。

11

你要来点信用吗？

在12世纪初期，你是英格兰国王亨利一世的税收官。你为每个纳税人制作一片有凹口的木头，称作计数棒，凹口用来记录纳税人应缴多少税。你把计数棒从中部折断，一半交给纳税人，另外一半你自己保管。两半计数棒上的凹口是匹配的，因此应缴多少税就没有争议了。但一些人总是拖延缴税时间，导致国王很缺钱。那么，你就用计数棒替国王偿还债务吧。就这样，你发明了早期的信用形式。

> 这看起来不像钱呀。

> 信用来自拉丁语"credo"，意思是"我相信"。

> 这和钱一样好使……

> ……只要买家最后把钱付了就行。

什么是信用？ 一个顾客拿到了货物但没有付钱，因为卖方相信买方之后会把钱交来。这就是信用。

汇票 指许诺之后会付款的单据。在16世纪初，意大利商人用汇票买物品，或者在银行将汇票兑换成钱。

借条(IOU)也是一种信用,来自"我欠你钱"(I OWN YOU)。借条首次应用于1795年。借方写一段话,表明他欠某人一笔钱,但没有写清楚什么时候会还。

这是你的账单。

给你借条。

原来如此!

信用卡允许持卡者借钱购物。若持卡者不还钱,发卡单位就要收取利息了。

你是在和国王争论吗?

啊哦!

硬币和卡。 19世纪60年代,商家开始用赛璐珞或金属硬币作为信用的标志。到了20世纪20年代,它们就被称作信用卡的小块金属板所取代了。

1949年,**弗兰克·麦克纳马拉**在纽约的餐厅就餐,可他吃完后才发现自己把钱包落在了家里。这让他有了灵感,发行大莱卡——世界上流行的第一种信用卡。

13

你敢欠债吗？

到了14世纪后期，由于未能偿还债务，你被关押在伦敦的马夏尔西监狱。你的所有财产都被变卖，用来还债。在你或家人把所有债务还清之前，你都得待在监狱里。你和其他欠钱还不上的人一样，住在肮脏的牢房里。若够幸运，你会被释放，去做一个债主的契约佣工，通过劳动来偿还债务。然而你也可能在监狱里病死或饿死。

困在牢里，我怎么可能还得上债呢？

你可以让我做你的奴隶。

噢，天哪！

重要提示！

- 看好自己的钱。
- 购物之前要确保你能还上钱。
- 及时还上你的欠款。

债务奴隶。罗马时代早期，一个人可以把自己当作贷款的担保。若无法偿还贷款，就意味着要去做奴隶了。

还钱还是割下你的鼻子？

传统当铺的标志

别害怕，在虚线上签名就好了。

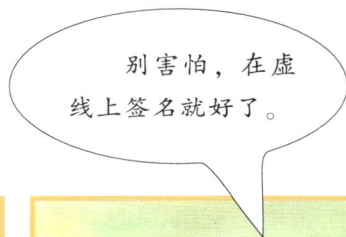

鼻子税。公元800多年，在爱尔兰的丹麦统治者会割下那些缴不上税的人的鼻子。这可能就是"to pay through the nose"（花了大价钱）的由来。

当铺老板借钱给那些用贵重物品作抵押的人，并收取利息。若钱还不上，抵押物品就被老板留下。当铺最早出现在3000多年前的中国，目前仍然存在。

放高利贷者收取很高的放贷利息，从借贷者身上赚钱。有时他们用暴力或恐吓来强迫借贷者还钱。

金本位制度*的始末

1816年：英国政府采用金本位制度。随后，其他国家很快效仿。这确定了货币相对于黄金的价值，并稳定了物价。

> 我们得印更多的钱。

1914年：各国政府需要印刷纸币来偿还第一次世界大战的债务，黄金储备有限，无法实现，于是金本位制度结束。

美国金条　存放处

1946年：金本位制度重新出台。各国政府可以用本国货币换取美国黄金。但美国黄金储备开始萎缩，1971年，金本位制度彻底结束。

*译注：以黄金为本位币的货币制度。

你敢下注黄金吗？

现在是1717年。你是著名科学家以及皇家造币厂的厂长伊萨克·牛顿爵士。几百年来，英国一直使用银本位制度：货币能以固定的价格换成银币。你改变了银币和金币的兑换利率，降低银币的价值，并让英国采用金本位制度。为什么这么做？有人说那是因为你爱黄色的金属，毕竟你是炼金术师——从一般金属中提炼出金子的人。

> 这不是黄金，但我能用这个换黄金。

> 我不能用这个换黄金，但能买东西。

代用性货币不是因为它的原材料而具有价值，而是因为它可用于兑换有价值的物品，比如黄金。

不兑现纸币。今天我们使用的是不兑现纸币。它们具有价值，不是因为可以兑换成黄金或白银，而是因为政府规定这样的纸币具有价值。

为什么我们喜欢黄金？因为它是稀有金属，而且很漂亮。

原来如此！

1848年，淘金潮增加了全球黄金的产量，却导致黄金价值降低。当时，世界实行金本位制度，因此货币贬值。

你的财富分文不值怎么办？

到了1923年，你住在德国。整个国家处于经济混乱中——工人大罢工，没有产品生产出来；货物稀缺，卖家纷纷索要高价，因此钱的购买力降低，贬值了。这，就是通货膨胀。不仅如此，政府也缺钱，于是开始印刷纸币。大量的纸币让通货膨胀变成"极度通货膨胀"。到11月时，一个面包要2000亿马克。据说人们需要用手推车装钱去买东西。

通货膨胀。若货币不和某种有限的物品（例如黄金）挂钩，我们就很难阻止政府肆意印制钞票。如此一来，货币贬值，价格上涨。

一栋房子换一条长面包。在德国极度通货膨胀时期，一位妇人把房子卖掉，打算靠这些钱生活，但很快卖房子的钱连一条长面包都买不起了。

把钱拿走，我要独轮车。

这些钱至少能让我取暖。

1945—1946年，**匈牙利**经历着全世界最严重的极度通货膨胀。政府发行的最大面值的货币是：1000000000000000000 辨戈（"1"后面足足有18个"0"哦）。

2007—2008年，**津巴布韦**遭受了严重的极度通货膨胀，每24小时物价翻一番。事态严重到护士和教师都支付不起公交车费用，无法上班。

请给我1兆元。

你能抓住钱币伪造者吗？

在 1925年，葡萄牙人阿尔维斯·道斯·赖斯想到一个巧妙且高超的发财计谋。他伪造了葡萄牙银行的合同，授权自己为政府印制钞票。印刷厂竟相信合同是真的，印制了价值2.9亿埃斯库多的纸币。这让赖斯成为富翁，他开始肆意挥霍。直到一位调查者发现流通货币的序列号相同，这一骗局才被揭露。伪造者被逮捕并判刑20年。

> 阿尔维斯，你怎么这么有钱？

> 我想做桑葚酱。

> 你放我出去吧，我给你钱。

> 这种钱我可不要！

监狱中的大卫·法恩斯沃思让假币流入市场。

假币跟货币本身一样历史悠久。早期的伪造者从硬币上偷贵重金属用以制造新的硬币，现在伪造者仿造纸币。

中国。第一张纸币由桑木制成。桑木林有侍卫看守，以防止伪造者获取桑木。

美国独立战争时期，英国造假币者把假币混入市场，进入货币流通中，从而使美金贬值。

超级美金是足以以假乱真的假币。和政府发行的纸币一样，超级美金也是棉和亚麻制成的纸张印刷而成的，也有金属线和水印。只有专家才能辨别真伪。

重要提示！

为了阻止伪造，纸币中应该包括以下内容：

- 全息图
- 嵌入式条纹
- 微缩文字
- 水印
- 随着光线照射角度不同而变化颜色的油墨。

我只能说我"赚"了点儿钱。

你能接受电子货币吗?

你 是当代的一名学生。今天,你带着现金去买点小东西,比如去咖啡店里买杯茶。除了这个,买其他东西时你都用电子货币:坐公共汽车时,你拿出一张电子卡刷一下,账户里的钱会被扣掉以支付车费;杂货店里,你用借记卡付账;在网上,你用"电子钱包"买书、游戏、衣服和其他东西;每个月,你的房租自动从借记卡中支付出去……大多数时候,钱已经变得看不见了。

> 我真希望能下载一些免费的钱。

网上银行。今天所有的大银行都提供网上银行服务,因此消费者可以在网上处理账单。

> 我喜欢用老式的钱包。

网上支付。1994年在美国,世界上第一笔安全的网上购物是摇滚明星斯汀网购了一张CD。

电子钱包是电子账户,用于网上购物。电子钱包省去了每次购物时需要重新输入账户信息的麻烦,让转账更加快捷和安全。

电子商务占今天零售业交易总额的6%。在图书、旅游和音乐等产业中,电子商务所占的比例更高。它是实体店的一大威胁。

重要提示！

提醒父母：

• 网上购物之前，请浏览各大网上零售商。查看顾客评价，以确定是否可靠。

• 只有以"https"开头的网站上才能输入信用卡信息。以"http"开头的网站可不行哦！

我也接受信用卡的。

23

你能预测金融的未来吗？

现在是20年后，你在喜欢的服装店里购物。你看到一件衬衫，拿起智能手机靠近衬衫的标签，"哔"的一声，衬衫就是你的了。店里没有付款柜台，工作人员帮忙找到你要的物品，付款可以自动完成——你是用一种新的密码货币支付的。 在回家的路上，你看到一位女性正在向喷泉里投什么东西。你问："那是什么？"她答道："一枚硬币。我们曾经把它当钱用，现在只能用来许愿了。"

生日快乐！

你真浪漫！

非接触支付。人们已经把智能手机当信用卡来使用，刷条形码就可以购物。很快，我们只要将手机靠近别人，就能完成转账。

密码货币，例如比特币，这种钱币没有政府支持。它们的价值来自自身的稀缺性，因为只有有限数量的密码货币在流通使用。

爸爸，这是房屋货币！

地方货币，例如伦敦的布里克斯顿英镑以纸币和电子货币的形式存在，就是为了刺激某个城镇或地区的经济活动。

我本来不想买的，可是手机靠得太近了。

非接触支付有时候会不经意间就完成付款。因此：

• 钱包和读卡器之间保持至少10厘米远。

• 查看银行账户，以确定是否有不需要的支付。

• 为卡片买一个保护套。

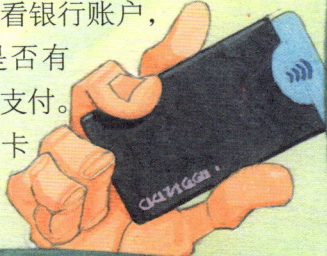

您好？有人订了拖拉机吗？

我刚买了一台虚拟拖拉机！

虚拟货币越来越多地应用在游戏中，或在应用商店中用于购物。未来，虚拟货币可能会在现实生活中得到认可。

从**货贝**到密码货币。从货贝开始，钱经历了漫长的发展过程。不论以何种形式出现，它的功能都是相同的：钱为我们提供了价值存储方式和交换的媒介。

术语表

Bankrupt 破产 法院做出的无法偿还债务的判定。

Bill of exchange 汇票 指一方必须在未来规定时间内向另外一方支付固定数目金钱的票据。

Commodity money 实物货币 来自本身原材料价值的货币。金币就是实物货币很好的例子。

Counterfeit 伪造物 赝品，做出来是为了冒充有价值的产品，以达到欺骗的目的，比如假币。

Credit 信用 基于信任，在付款之前就获得商品或服务，并保证将来会支付费用的能力。

Credit card 信用卡 银行发行的塑料卡片，让持有者可以凭借信用通过电子方式购物或获得服务。

Creditor 债权人 借钱给别人的个人或公司。

Currency 通货 一个国家使用的流通货币。

Debasement 贬值 物品价值降低。对实物货币来说，硬币含有的贵重金属重量减少会造成贬值。

Debit card 借记卡 银行发行的一种卡片。持有者在购物时可通过电子转账方式向商家的账户转账。

Debt 债务 欠的钱。

Debtor 债务人 欠钱的个人或机构。

Denomination 面值 纸币或硬币的票面价值。

E-commerce 电子商务 在网上通过电子方式买卖的商业模式。

Exchange rate 汇率 货币之间兑换的比率。

Fiat money 不兑现货币 政府规定了价

值的货币,其本身不具有价值。

Forgery　伪造　为了达到欺骗目的而仿造贵重物品的行为。

Gold standard　金本位制度　货币的价值和黄金价值挂钩的一种货币制度。货币可以以固定比率兑换黄金。

Great Depression　大萧条　1929年开始并延续到20世纪30年代的经济滑坡。这一时期里,工业产品产量减少,商业低迷,失业率高。

Indentured servant　契约佣工　同意通过劳动方式向债权人还债,直到付清欠债的债务人。

Inflation　通货膨胀　一段时间内,一定经济体中的物价水平普遍持续增长,从而造成货币购买力的持续下降。

Interest　利息　借款人定期付给放款人的固定比率的费用。

Mint　造币厂　制造钱币的工厂。

Money supply　货币供给　经济体中流通的货币总量。

Representative money　代用性货币　价值来自其支持的物品的货币,比如黄金。采用金本位制度的国家用的就是代用性货币。

Security　担保　贷款时,用于保证偿还贷款的有价值物品或押金。若贷方不能偿还贷款,担保将被没收,成为放款人的财产。

Serial number　序列码　纸币或其他物品上印的唯一代码,起识别作用。

Tax　税收　个人或商户必须向政府上缴的钱,用于支付管理、安全和公共服务的费用。

Watermark　水印　生产过程中印在纸上的模糊的图像,要对着光亮才能看清。

历史上最有钱的十个人

以下列出了人类历史上最有钱的十个人。由于他们生活在不同年代，使用不同货币，我们将他们的财富转换成现在的美金再进行评估。

由于计算个人财富的方式不同，你可能看到其他不同的排名。对生活在很久以前的人来说，他们的个人财富信息常常不可靠。因此本列表不包括极其富有的古代统治者，例如亚历山大大帝、成吉思汗和所罗门国王。

人物	职业	生活年代	估算财富（美金）
1. 曼萨·穆萨一世	马里帝国国王	约 1280—约 1337 年	4 亿
2. 约翰·D. 洛克菲勒	石油大王	1839—1937 年	3.4 亿
3. 安德鲁·卡内基	钢铁巨头	1835—1919 年	3.1 亿
4. 沙皇尼古拉斯二世	俄国统治者	1868—1918 年	3 亿
5. 米尔·奥斯曼·阿里·汗	海德拉巴土邦统治者	1886—1967 年	2.36 亿
6. 征服者威廉	英格兰国王	约 1028—1087 年	2.3 亿
7. 雅各布·富格尔	银行家	1459—1525 年	2.21 亿
8. 穆阿迈尔·卡扎菲	利比亚王国统治者	1942—2011 年	2 亿
9. 亨利·福特	汽车制造商	1863—1947 年	1.99 亿
10. 科尼利尔斯·范德比尔特	交通业巨头	1794—1877 年	1.85 亿

罗斯柴尔德银行王朝

罗斯柴尔德家族大概是人类历史上最富有的家族。他们用钱生钱,通过投资、放贷、募集资金这些银行业务来赚钱。18世纪60年代,罗斯柴尔德银行王朝的创始人梅耶·阿姆谢尔·罗斯柴尔德在德国法兰克福创立了一家银行。到19世纪早期,他的四个儿子分别在伦敦、维也纳、巴黎和那不勒斯开办银行。

全球金融家

罗斯柴尔德家族的财力在19世纪达到巅峰。拿破仑战争时期,他们支持英国,帮忙扳倒了拿破仑。接着,在工业革命中,罗斯柴尔德家族也扮演了重要角色——他们资助修建铁路和挖掘苏黎世运河,并通过开采金矿和钻石矿获取巨额利润。19世纪20年代,罗斯柴尔德家族帮助巴西偿还葡萄牙的债务,并取得独立。从1852年起,他们开始真正地造钱:为英国皇家造币厂铸造钱币。

衰退和复苏

20世纪,罗斯柴尔德家族的经济严重衰退:1901年,由于缺少男性继承人,法兰克福银行被迫关闭;1929年,股票市场的暴跌也是一次重击;1938年,奥地利的罗斯柴尔德银行的利润被纳粹抢夺。但后来公司又复苏了,目前仍然是世界上影响力强大的国际银行。当前,该银行以独立组织的形式运行,在全球40个国家拥有2800名员工,总资产大约3.5亿美金。

你知道吗?

● 钱(money)这个词来自罗马女神朱诺·莫内塔——财富的守护神。在古代罗马,钱币在朱诺神庙附近铸造。

● 计数棒系统由英格兰国王亨利一世在1110年左右设立,沿用到1826年。1834年,存放于威斯敏斯特宫中的计数棒被要求烧毁。不幸的是,燃烧的火焰失控,导致威斯敏斯特宫的大部分建筑物被烧毁。

● 1728年,世界上第一笔透支款由商人威廉·胡戈获得。苏格兰皇家银行允许他从自己账户中多支取1000英镑。

● 1967年,世界上第一台自动取款机(ATM)在伦敦北部的恩菲尔德设立。第一位使用者是英国喜剧演员雷格·瓦尔尼。

● 美国南北战争期间,假币成为严重的问题——据称市场上流通的钱中三分之一是假币。

● 女王伊丽莎白二世的肖像出现在33个国家的货币上,这比其他任何人都多。1935年,她和当时9岁的公主的肖像第一次印刷在20加元上。

● 纸币携带的细菌比家用马桶还要多。大多数细菌和病毒可在纸币上存活48小时,而流感病毒则能在纸币上存活并传播达17天之久。

致　谢

　　"身边的科学真好玩"系列丛书在制作阶段，众多小朋友和家长集思广益，奉献了受广大读者欢迎的书名。在此，特别感谢蒋子婕、刘奕多、张亦柔、顾益植、刘熠辰、黄与白、邵煜浩、张润珩、刘周安琪、林旭泽、王士霖、高欢、武浩宇、李昕冉、于玲、刘钰涵、李孜劼、孙倩倩、邓杨喆、刘鸣谦、赵为之、牛梓烨、杨昊哲、张耀尹、高子棋、庞展颜、崔晓希、刘梓萱、张梓绮、吴怡欣、唐韫博、成咏凡等小朋友。